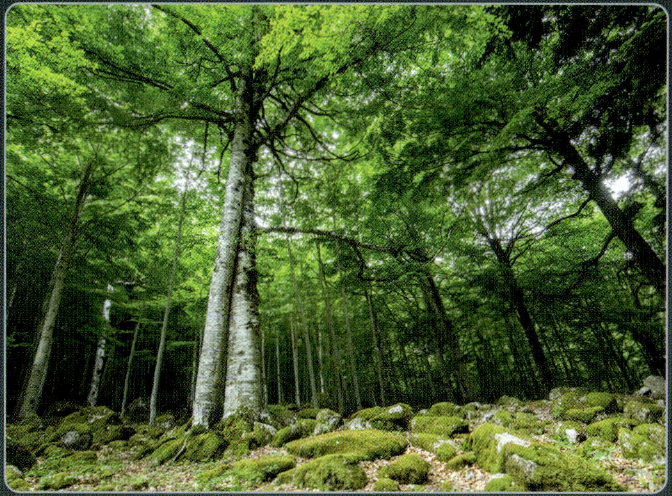

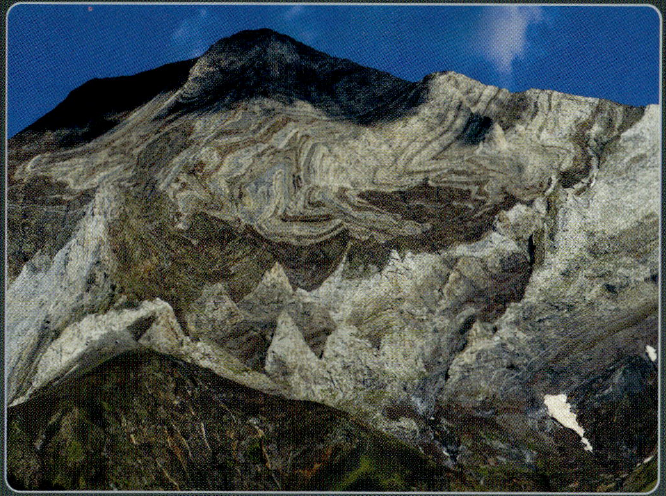

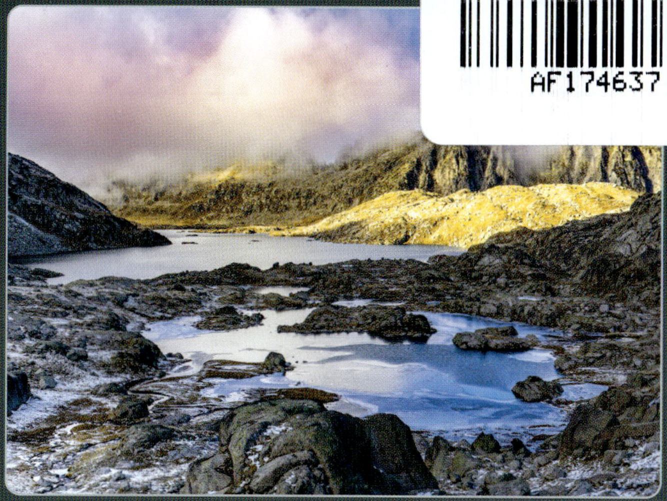

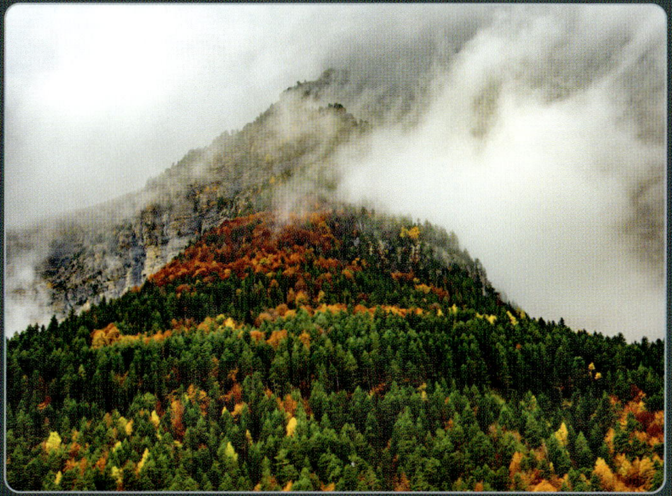

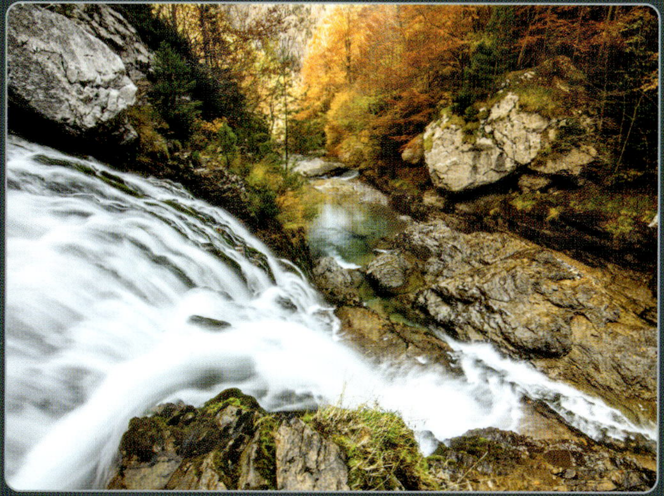

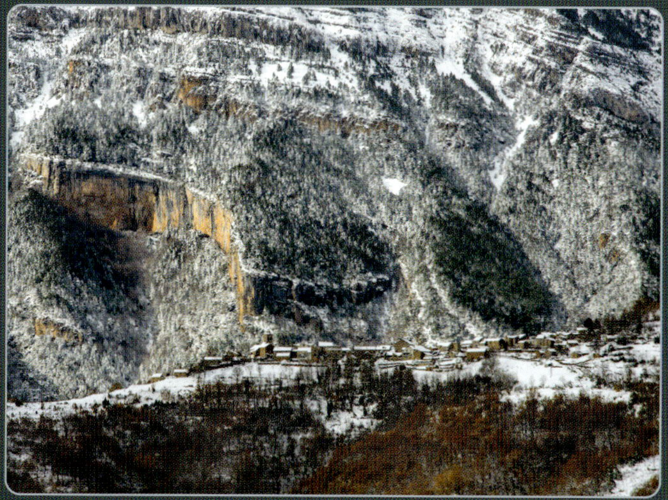

Cuarto menguante

Luna nueva

Cuarto creciente

Luna llena

Solsticio de Invierno

Equinoccio de Primavera

Solsticio de Verano

Equinoccio de Otoño

www.sua.eus | 944 169 430

ENERO | URTARRILA | CHINERO
GENER | JANVIER | GÈR

2026

1	2	**3** NAVARRA	4	5	6	7
8	9	10	11	12	13	14
15	16	17	18	19	20	21
22	23	24	25	**26** CATALUNYA	27	28
29	30	31				

DICIEMBRE
abendua
abiento
desembre
décembre
deseme

			1	**2**	**3** ○	**4**
5	**6**	**7**	**8**	**9**	**10** ◐	**11**
12	**13**	**14**	**15**	**16**	**17**	**18** ●
19	**20**	**21**	**22**	**23**	**24**	**25**
26 ◑	**27**	**28**	**29**	**30**	**31** ●	

Carámbanos de hielo en el valle de Eriste.

Quesos artesanos en Col d'Espandel. Vallée d'Ouzom.

						1
2	3	4	5	6	7	8
9	10	11	12	13	14	15
16	17	18	19	20	21	22
23	24	25	26	27	28	

FEBRERO
otsaila
febrero
febrer
février
hereuèr

FEBRERO | OTSAILA | FEBRERO
FEBRER | FÉVRIER | HEREUÈR

2026

						1 ○
2	3	4	5	6	7	8
9 ◑	10	11	12	13	14	15
16	17 ●	18	19	20	21	22
23	24 ◐	25	26	27	28	●

Buitres leonados en el comedero de aves necrófagas de L'Aínsa.

Belicuengas. Bal de Chistau.

MARZO | MARTXOA | MARZO
MARÇ | MARS | MARÇ

2026

						1
2	3	4	5	6	7	8
9	10	11	12	13	14	15
16	17	18	19	20	21	22
23	24	25	26	27	28	

FEBRERO
otsaila
febrero
febrer
février
hereuèr

					1
2	3○	4	5	6	7	8
9	10	11◐	12	13	14	15
16	17	18	**19●**	20 EQUINOCCIO DE PRIMAVERA	21	22
23	24	25◑	26	27	28	29
30	31				●	

Galanto (*Galanthus nivalis*) en el valle de Bujaruelo.

Iglesia románica de Santa Eulalia en Oros Bajo. Serrablo.

		1	2 EXCEPTO CATALUNYA	3	4	5
6 EXCEPTO ARAGÓN	7	8	9	10	11	12
13	14	15	16	17	18	19
20	21	22	23 ARAGÓN	24	25	26
27	28 ARABA	29	30			

ABRIL
apirila
abril
abril
avril
abriu

ABRIL | APIRILA | ABRIL
ABRIL | AVRIL | ABRIU

 **2026**

		1	**2** EXCEPTO CATALUNYA ○	3	4	5
6 EXCEPTO ARAGÓN	7	8	9	10 ◗	11	12
13	14	15	16	17 ●	18	19
20	21	22	**23** ARAGÓN	24 ◐	25	26
27	**28** ARABA	29	30			●

Mole del macizo de Cotiella. Sobrarbe.

Primula.

MAYO | MAIATZA | MAYO
MAIG | MAI | MAI

2026

				1 ○	2	3
4	5	6	7	8	9 ◑	10
11	12	13	14	15	16 ●	17
18	19	20	21	22	23 ◑	24
25	26	27	28	29	30 ●	31 ○

			1	2	3	4	5
		EXCEPTO CATALUNYA				
6	7	8	9	10	11	12
EXCEPTO ARAGÓN						
13	14	15	16	17	18	19
20	21	22	23	24	25	26
			ARAGÓN			
27	28	29	30			
	ARABA					

ABRIL
apirila
abril
abril
avril
abriu

Nabata en el río Cinca.

1	2	3	4	5	6	7
8	9	10	11	12	13	14
15	16	17	18	19	20	21
		VAL D'ARAN				
22	23	24	25	26	27	28
		CATALUNYA				
29	30					

JUNIO
ekaina
chunio
juny
juin
junh

JUNIO | EKAINA | CHUNIO
JUNY | JUIN | JUNH

2026

MAYO
maiatza
mayo
maig
mai
mai

				1	2	3
4	5	6	7	8	9	10
11	12	13	14	15	16	17
18	19	20	21	22	23	24
25	26	27	28	29	30	31

1	2	3	4	5	6	7
8 ◗	9	10	11	12	13	14
15 ●	16	17 VAL D'ARAN	18	19	20 ☀ SOLSTICIO DE VERANO	21 ◑
22	23	24 CATALUNYA	25	26	27	28
29	30 ○					

Mariposa ícaro (*Polyommatus icarus*).

Zapatito de dama (*Cypripedium calceolus*).

●

		1	2	3	4	5
6	7	8	9	10	11	12
13	14	15	16	17	18	19
20	21	22	23	24	25 ARABA, BIZKAIA, GIPUZKOA, NAVARRA	26
27	28	29	30	31 BIZKAIA Y GIPUZKOA		

JULIO
uztaila
chulio
juliol
juillet
junhsèga

JULIO | UZTAILA | CHULIO
JULIOL | JUILLET | JUNHSÈGA

2026

		1	2	3	4	5
6	7	8	9	10	11	12
13	14	15	16	17	18	19
20	21	22	23	24	**25** ARABA, BIZKAIA, GIPUZKOA, NAVARRA	26
27	28	29	30	**31** BIZKAIA Y GIPUZKOA		

JUNIO
ekaina
chunio
juny
juin
junh

1	2	3	4	5	6	7
8	9	10	11	12	13	14
15	16	**17** VAL D'ARAN	18	19	20	21
22	23	**24** CATALUNYA	25	26	27	28
29	30					

Edelweis (*Leontopodium alpinum*).

Tritón pirenaico en el ibón de Barleto.

AGOSTO
abuztua
agosto
agost
août
agost

					1	2
3	4	5	6	7	8	9
10	11	12	13	14	15	16
17	18	19	20	21	22	23
24	25	26	27	28	29	30
31						

AGOSTO | ABUZTUA | AGOSTO
AGOST | AOÛT | AGOST

 **2026**

					1	2
3	4	5	6	7	8	9
10	11	12	13	14	15	16
17	18	19	20	21	22	23
24	25	26	27	28	29	30
31						

Ibón de Millás, Millars o Millares. P.N. Posets-Maladeta.

Reloj de sol de Ascaso. Sobrarbe.

SEPTIEMBRE | IRAILA | SETIEMBRE
SETEMBRE | SEPTEMBRE | SETEME

2026

				1	2
3	4	5	6	7	8	9
10	11	12	13	14	15	16
17	18	19	20	21	22	23
24	25	26	27	28	29	30
31

AGOSTO
abuztua
agosto
agost
août
agost

1	2	3	4 ☽	5	6
7	**8** ANDORRA	9	10	**11** ● CATALUNYA	12	13
14	15	16	17	18 ◔	19	20
21	22	23 EQUINOCCIO DE OTOÑO	24	25	26 ○	27
28	29	30

Iglesia de Santa María del Campo, en Nabazkoze.

Escarabajo en el bosque de Turieto alto.

			1	2	3	4
5	6	7	8	9	10	11
12	13	14	15	16	17	18
19	20	21	22	23	24	25
26	27	28	29	30	31

OCTUBRE
urria
otubre
octubre
octobre
octobre

OCTUBRE | URRIA | OTUBRE
OCTUBRE | OCTOBRE | OCTOBRE

 2026

			1	2	3 ◗	4
5	6	7	8	9	10 ●	11
12	13	14	15	16	17	18 ◖
19	20	21	22	23	24	25
26 ○	27	28	29	30	31	●

Ibón del Cau, en el Sobrarbe.

NOVIEMBRE | AZAROA | NOBIEMBRE
NOVEMBRE | NOVEMBRE | NOVEME

P 2026

						1 ☽
2 ARAGÓN	3	4	5	6	7	8
9 ●	10	11	12	13	14	15
16	17 ☽	18	19	20	21	22
23	24 ○	25	26	27	28 ●	29
30						

Brumas otoñales en el circo de Pineta.

Telaraña.

1 ◐	**2**	**3** NAVARRA	**4**	**5**	**6**
7	**8**	**9** ●	**10**	**11**	**12**	**13**
14	**15**	**16**	**17** ◑	**18**	**19**	**20**
21 SOLSTICIO DE INVIERNO	**22**	**23**	**24** ○	**25**	**26** CATALUNYA	**27**
28	**29**	**30** ◐	**31**			

NOVIEMBRE
azaroa
nobiembre
novembre
novembre
noveme

2 ARAGÓN	3	4	5	6	7	1 / 8
9	10	11	12	13	14	15
16	17	18	19	20	21	22
23	24	25	26	27	28	29
30						

Ermita de San Martín de la Choca, en la sierra de Guara.

Primeras nevadas de la temporada.

ENERO
urtarrila
chinero
gener
janvier
gèr

				1	2	3
4	5	6	7	8	9	10
11	12	13	14	15	16	17
18	19	20	21	22	23	24
25	26	27	28	29	30	31

www.elmundodelospirineosblog.com · ⨍ www.facebook.com/ElMundoPirineos · ▮ @ElMundoPirineos

Marta Montmany
montmany@hotmail.com

BILBAO 48011 · Iparragirre, 26 • 📞 944 169 430 · aareitio@elmundodelospirineos.com ⊕ www.sua.eus

ARUNA 20150 · Poligono Industrial Aizpea – Haizpea Pol. 1 • 📞 943 313 209 · publi@elmundodelospirineos.com